Julia Weißflog
Christiane Dahm
Markus Mews
Tabea Warczok

# Zum Kuckuck mit den Regeln

## Wie Kimi lernte, mit der Wut umzugehen

Psychologische Kinderbücher

hogrefe

# Inhaltsverzeichnis

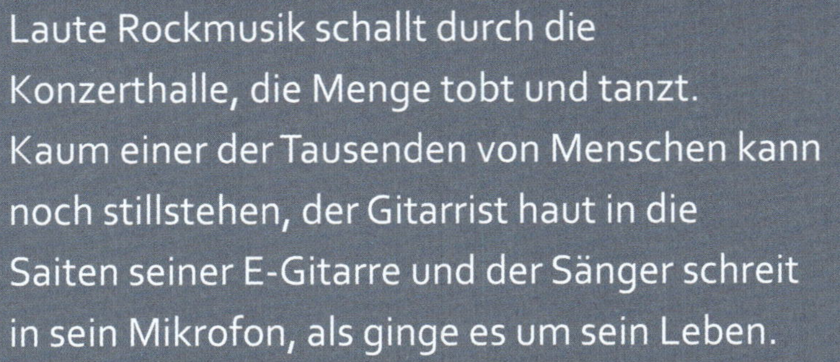

Laute Rockmusik schallt durch die Konzerthalle, die Menge tobt und tanzt. Kaum einer der Tausenden von Menschen kann noch stillstehen, der Gitarrist haut in die Saiten seiner E-Gitarre und der Sänger schreit in sein Mikrofon, als ginge es um sein Leben.

**Und dann: mein Soloauftritt.**
Das Scheinwerferlicht zeigt jetzt auf mich und ich trommele wie wild auf meinem Schlagzeug herum. Jetzt tobt die Menge, die Halle wackelt, weil keiner mehr an sich halten kann – die Fans springen und jubeln und schreien mit.
Doch was ist das für ein Piepsen?

Piep Piep Piep Piep Piep Piep Piep

Ich schlage die Augen auf.

**Es war nur ein wunderbarer Traum!**

Aber nanu, das Piepsen ist immer noch da!
Ich springe aus meinem warmen Bett, tapse zum Fenster und linse zwischen den Vorhängen hindurch. Vor meinem Fenster steht ein Baum und weil wir so weit oben wohnen, kann ich direkt in die Baumkrone schauen, direkt in das Nest eines Vogels. Ich werde ganz aufgeregt:

**Ein Vogelbaby ist geschlüpft!**

Seit zwei Wochen schaue ich jeden Tag als Erstes, ob die drei Eier noch da sind. Ein Ei ist deutlich größer gewesen als die anderen und aus dem ist jetzt das Vogelbaby geschlüpft.

**Und das piepst und schreit wie verrückt.**

Davon bin ich also aufgewacht.

Nach einer Weile kommt die Vogelmama und füttert das Kleine. Kaum hat es gegessen, fängt es wieder an zu schreien und die Vogelmama fliegt wieder los, um Futter zu holen.

**Ich muss an meine eigene Familie denken.**
Ich habe auch zwei Geschwister, genau wie das Vogelbaby, wenn die anderen Küken geschlüpft sind. Mein Bruder heißt Oskar und meine Schwester Linn. **Meine Eltern sind auch sehr viel unterwegs, ständig müssen sie zur Arbeit.** Sie sagen, sie machen das *für* uns, aber manchmal fände ich es besser, wenn sie mehr *mit* uns machen würden.

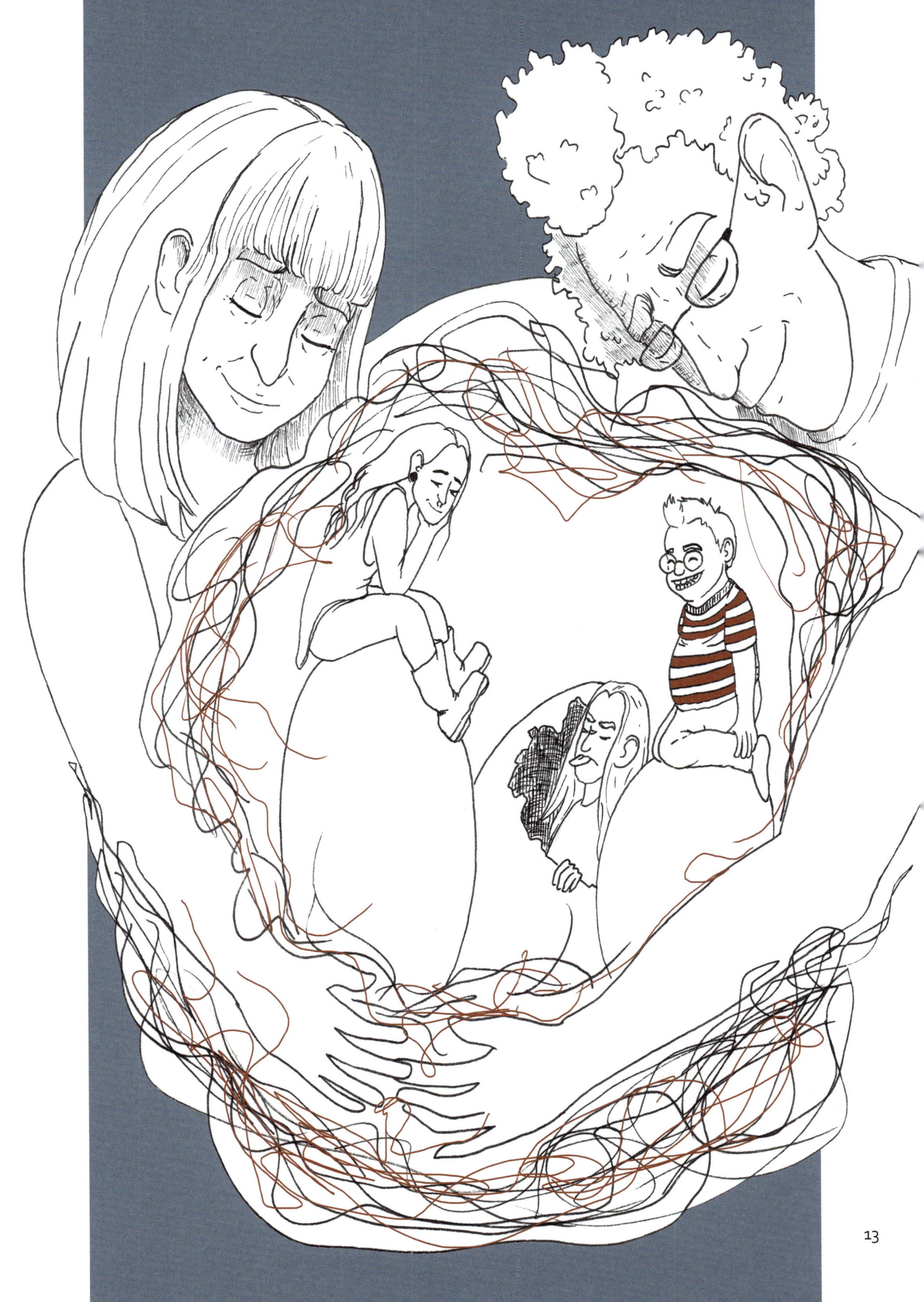

Das Vogelbaby schreit immer noch. Ich schreie auch sehr oft. Meine Mama sagt immer:
**„Kind, du hast so ein gewaltiges Organ!"**
Ich weiß nicht genau, was Organe sind, aber ich bin wohl sehr laut.  Ich gehe in die Küche und bin glücklich, weil Sonntag ist. Sonntags können wir immer faulenzen und abends schauen wir zusammen einen Film.

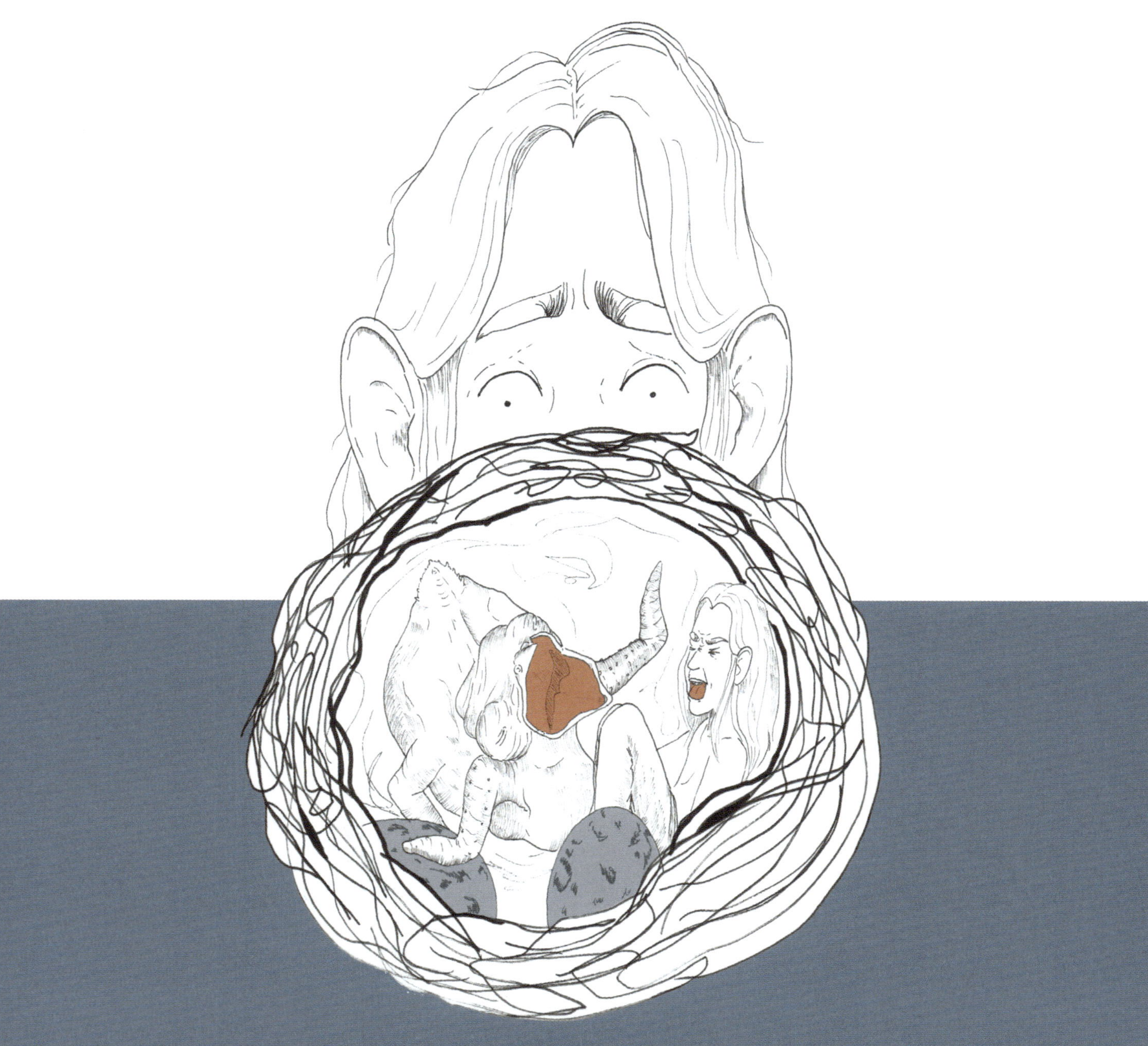

Mama sitzt schon in der Küche und kramt in irgendwelchen Zetteln herum. Sie runzelt die Stirn. Vielleicht würde es ihr mehr Spaß machen, das Vogelbaby anzuschauen.
**„Mama, komm mal mit!",** sage ich und ziehe an ihrem Ärmel.
„Kimi, ich kann grade nicht", sagt Mama und bleibt sitzen.
**„Doohoooch!",** rufe ich und ziehe fester.
„Kimi", sagt Mama, „ich muss das hier erst fertig machen."

Und da passiert es mal wieder.

**Ich werde wütend.**

Mir wird ganz heiß und ich werde ganz hibbelig und zappelig vor lauter Wut. Ich weiß dann irgendwie gar nicht, was ich mit der ganzen Wut machen soll. Manchmal wird das dann so schlimm, dass ich mit irgendetwas um mich werfen muss.

**So wie jetzt.**

Ich greife nach Mamas dickem Schlüsselbund und werfe ihn gegen die Wand. Das knallt ganz ordentlich und Mama schreckt auf. Ich fange an zu schreien und zu stampfen. Mama versucht mich festzuhalten, aber das macht mich noch wütender und ich schreie Schimpfwörter, die ich eigentlich gar nicht sagen darf. In dem Moment kommt auch noch Oskar dazu und guckt ganz komisch. Ich reiße mich los und haue Oskar auf die Brust. Mama gibt mir eine

**„Auszeit ".**

Ich muss dann in meinem Zimmer bleiben, bis sie mich wieder holt.

**Toller Sonntag.**

Ich wollte ihr doch nur das Vogelbaby zeigen, **aber weil ich so wütend war, kam ich nicht mal so weit, ihr das zu sagen.**
Ich sitze wieder am Fenster und schaue das schreiende Vogelbaby an, das keine **„Auszeit"** bekommt, egal, wie viel und wie laut es schreit. Es würde gut in meine Band passen, von der ich immer wieder träume. Zusammen könnten wir auf der Bühne richtig rocken und schreien, so laut wir wollen, und alle fänden es super.

Nicht so wie in der Schule.
Ich gehe in die dritte Klasse, und da passiert mir das mit dem Wütendwerden auch immer wieder. Die anderen nennen mich

**„Kimi Regelbrecher"**

, weil ich viel mehr Klassenbucheinträge habe als die ganze Klasse zusammen. Irgendwie klappt das mit den Regeln bei mir nicht so ganz. Manche Kinder sagen dem Lehrer, dass sie Angst vor mir haben. Aber Patrick und Frieda haben keine Angst, die sind meine Freunde und zusammen machen wir viel Quatsch. **Wenn wir zusammen sind, ist es immer lustig.** In den Pausen spielen wir oft „Rockband" und ich trommle immer mit Stöcken auf der Rutsche herum, weil das so tolle Geräusche macht. Frieda und Patrick hüpfen zusammen herum und wir schreien so laut, dass unser Lehrer es drinnen noch hört! Manchmal vergessen wir dann einfach, beim Klingeln wieder in den Klassenraum zu gehen.

Wenn wir nicht „Rockband" spielen, machen wir oft Mutproben. Am Freitag sind wir in der Pause zusammen abgehauen. Das war ziemlich aufregend. Eigentlich dürfen wir in der Pause nicht weggehen. Tim aus unserer Klasse hat uns gesehen, aber als er uns verpetzen wollte, habe ich so fest seine Hand gedrückt, dass es bestimmt ganz ordentlich wehtat, und gesagt:

**„Das würde ich mich an deiner Stelle nicht trauen!"**

Und das hat er sich dann auch nicht.
Was Tim wohl sonntags macht? Bestimmt sitzt er nicht alleine in seinem Zimmer und beobachtet auch keine Vogelnester, so wie ich.

**Da passiert jetzt übrigens etwas!**
Das Vogelbaby wirft die anderen Eier aus dem Nest! Ist es etwa auch wütend, so wie ich vorhin? Ich schaue auf die Wiese unter dem Baum und selbst aus dem dritten Stock kann ich noch die kaputten Eier sehen. Wieder muss ich an Tim denken, dem ich ja auch wehgetan habe. **Und an Oskar, meinen Bruder, den ich vorhin geschlagen habe.**

Ich höre, wie Papa zur Haustür hereinkommt. Ich renne aus meinem Zimmer und rufe:

**„Papa, komm mal her! Ich muss dir was zeigen!"**

Aus dem Wohnzimmer ruft Mama:

**„Kimi, du solltest doch in deinem Zimmer bleiben!"**

Aber Papa sagt:

„Ach, sperr das Kind doch nicht ein!", und umarmt mich. Ich ziehe ihn in mein Zimmer und zeige ihm das Vogelnest, in dem jetzt nur noch das schreiende Vogelbaby sitzt.

**„Papa!** Das Vogelbaby hat die anderen Eier aus dem Nest geworfen!", erkläre ich ihm.
„Na, da hast du hier wohl ein Kuckuckskind", stellt er fest. Ich schaue Papa fragend an.
Und dann erzählt er mir vom Kuckuck:
**„Der Kuckuck ist ein besonderer Vogel.**
Er legt seine Eier in die Nester anderer Vögel, damit andere Vogelmamas die Kinder aufziehen. Ein Kuckucksei ist größer als andere Eier und da die fremde Mutter es für ihr eigenes hält, ist sie besonders besorgt um das prachtvolle, große Ei. Sobald das Kuckuckskind geschlüpft ist, wirft es die anderen Eier aus dem Nest, damit es ganz allein von der Vogelmama versorgt wird."

Ich denke ein bisschen über seine Worte nach. **Ist der Kuckuck sehr schlau oder sehr gemein?**
Ich frage: „Und wenn das Kuckuckskind größer wird, was passiert dann?"
„Dann fliegt es irgendwann weg und als Vogelmama legt es seine Eier wieder in die Nester anderer Vögel", antwortet Papa. „Aber das heißt ja, dass ein Kuckuckskind ganz schön alleine ist. So ohne Geschwister, ohne Kinder, ohne alles." Papa guckt mich nachdenklich an und sagt: „Da hast du wohl recht."

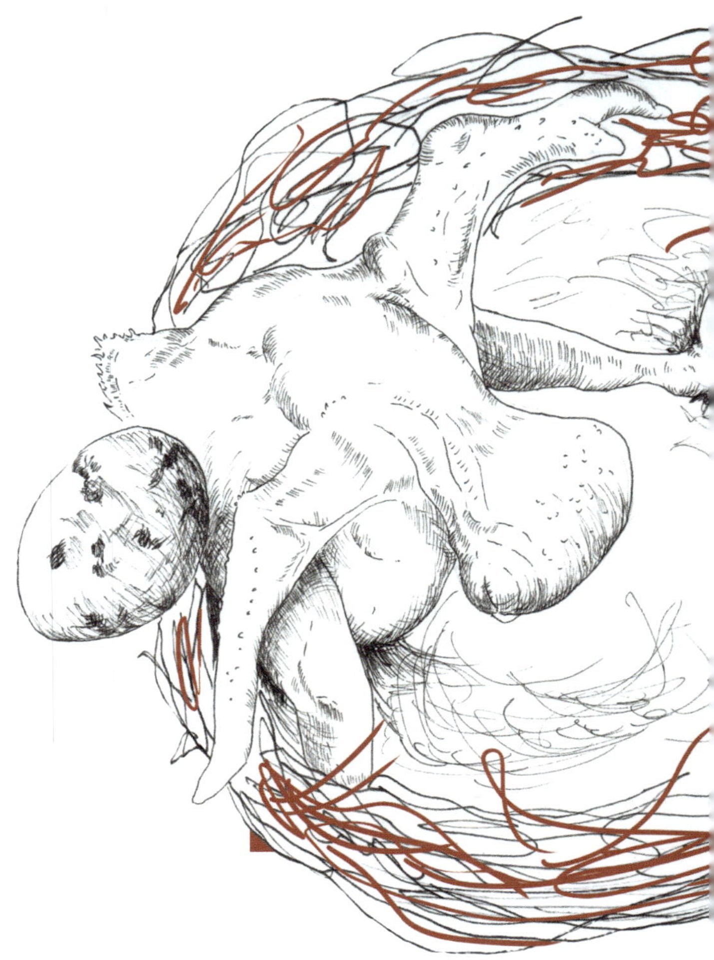

Irgendwie kann ich gar nicht aufhören, an das Kuckuckskind zu denken, **das eigentlich gar nicht so recht weiß, was es tut.**
Es könnte bestimmt ganz viel Spaß haben mit den anderen beiden Vogelbabys, sie könnten im Nest alle zusammen schreien und wenn die Vogelmama Essen holen geht, **dann wäre es in der Zeit auch nicht alleine.**

Als wir uns abends zusammen einen Film ansehen, **will Linn alle Chips alleine aufessen und nichts abgeben.**
Ich merke wieder, wie es in mir kribbelt und mir warm wird, **aber dann denke ich an die Eierschalen unter dem Baum und versuche, ruhig zu bleiben und mich auf den Film zu konzentrieren.**
Das ist ziemlich schwer für mich, aber ich bin ganz stolz, als ich merke, dass es klappt.
Mama merkt das auch. Sie verteilt dann die Chips und sagt: „Mensch, Kimi, toll, dass du gar nicht wütend geworden bist."

Es ist schön, dass Mama mich lobt. Vor dem Einschlafen kuschelt sie noch ein bisschen mit mir. Ich erzähle ihr vom Kuckuckskind und sage: **„Ich schreie ja auch oft und bin böse zu anderen, aber ich will nicht so einsam werden wie der Kuckuck später."**

Mama versteht mich und sagt:

**„Ich werde dir dabei helfen."**

Am nächsten Morgen hat Mama etwas für mich gebastelt: **einen Plan.** Sie sagt: „Oft machst du ja das Richtige, so wie gestern Abend, und Papa und ich wollen dich dabei unterstützen. Wir haben das vorhin auch schon mit Oskar und Linn besprochen."

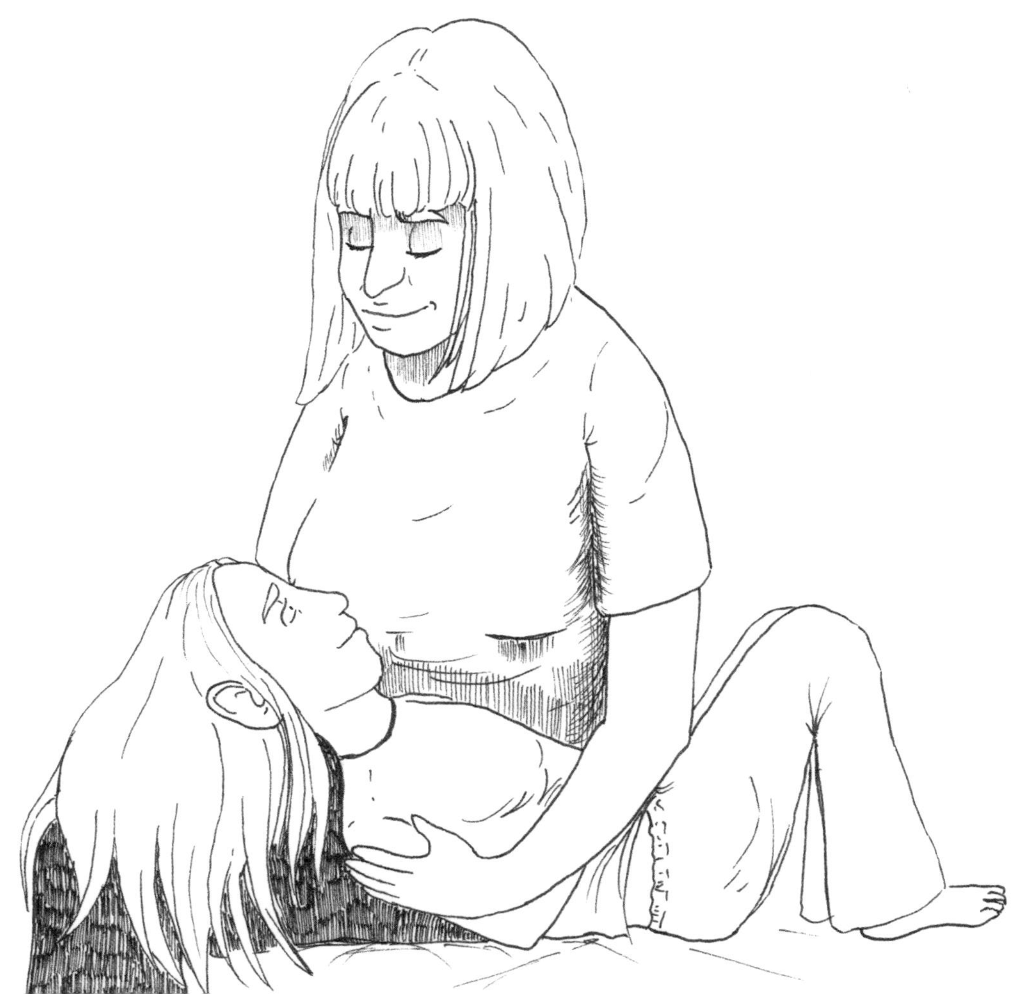

Wir vereinbaren, dass ich an jedem Tag, an dem ich **keine Regeln breche und zu niemandem gemein bin**, Sticker in den Plan kleben darf. Die Regeln machen ich und Mama gemeinsam aus und schreiben sie auf.

**„Schimpfwörter möchte ich nicht benutzen!"**, steht da, und **„Meine Geschwister habe ich lieb und bin nett zu ihnen."**

Und noch einige weitere Dinge und Aufgaben, die ich eigentlich kenne, die mir aber nicht immer leichtfallen. Pro Tag kann ich für jede Regel, an die ich mich gehalten habe, einen Sticker aufkleben.

**Wenn ich alle schaffe, bekomme ich sieben Stück.**

Die Sticker darf ich dann für etwas eintauschen. Zum Beispiel **drei Sticker** für abends noch etwas länger fernsehen oder **fünf Sticker** für sonntags den Film aussuchen.

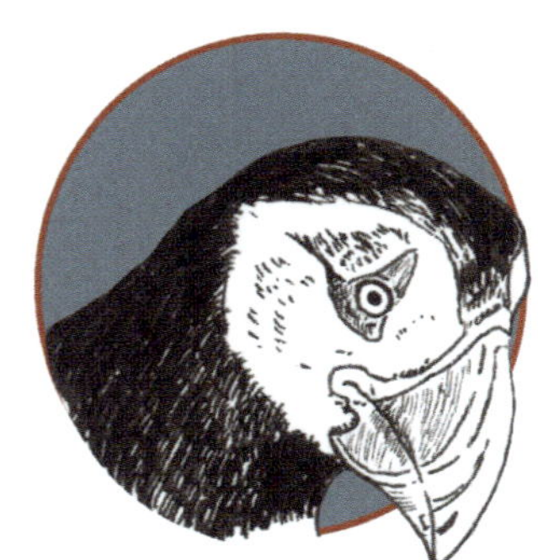

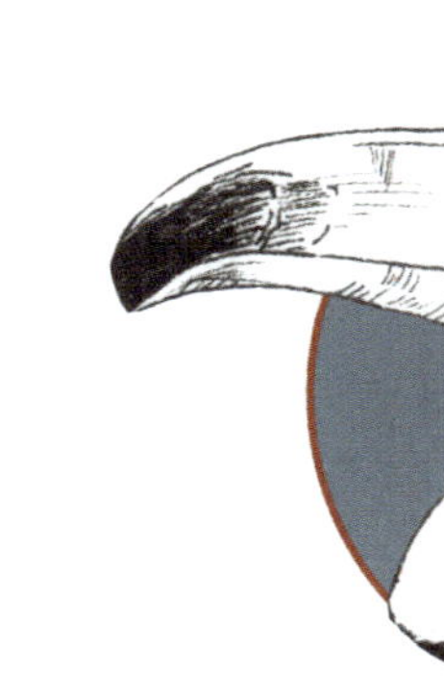

Ich kann die Sticker aber auch sammeln und sparen. Für eine große, ganz besondere Sache, die ich mir schon lange wünsche.

**Ein echtes kleines Schlagzeug!**

Um das zu bekommen, brauche ich allerdings **420 Sticker!** Das sind ganz schön viele Tage, ohne Regeln zu brechen ... Aber ich will es schaffen. Frieda hat schon eine Gitarre und Patrick ein Mikrofon, und zu Hause spielen sie oft damit. Ich will unbedingt das Schlagzeug haben, damit wir als echte Band zusammen spielen können.

HIPS

Als ich abends im Bett liege, denke ich
wieder an den Kuckuck.
**Ich will das mit Tim wiedergutmachen.**
**Ich will niemandem wehtun.**
Gleich morgen will ich mit ihm reden
und mich entschuldigen. Und das mache ich
dann auch. Ich bin ganz aufgeregt.
In der Pause gehe ich zu Tim. Ich sage:
**„Du, Tim, das mit Freitag tut mir leid. Das ist einfach so passiert. Ich verstehe selbst nicht, warum."**
Er ist ganz überrascht und sagt: **„Ist schon okay. Aber mach das nicht noch einmal."**
Ich bin erleichtert und fühle mich gut.

In der nächsten Zeit gebe ich mir echt Mühe,
aber es klappt nicht immer.
**Oft bin ich noch gemein zu meinen Geschwistern.**
Dann bekomme ich abends weniger Sticker und das finde ich doof. Zum Glück macht Mama mir immer wieder Mut. Sie sagt dann: **„Morgen ist ein neuer Tag. Dann versuchst du es wieder."**
Und von Woche zu Woche schaffe ich es immer öfter, abends alle Sticker zu bekommen.

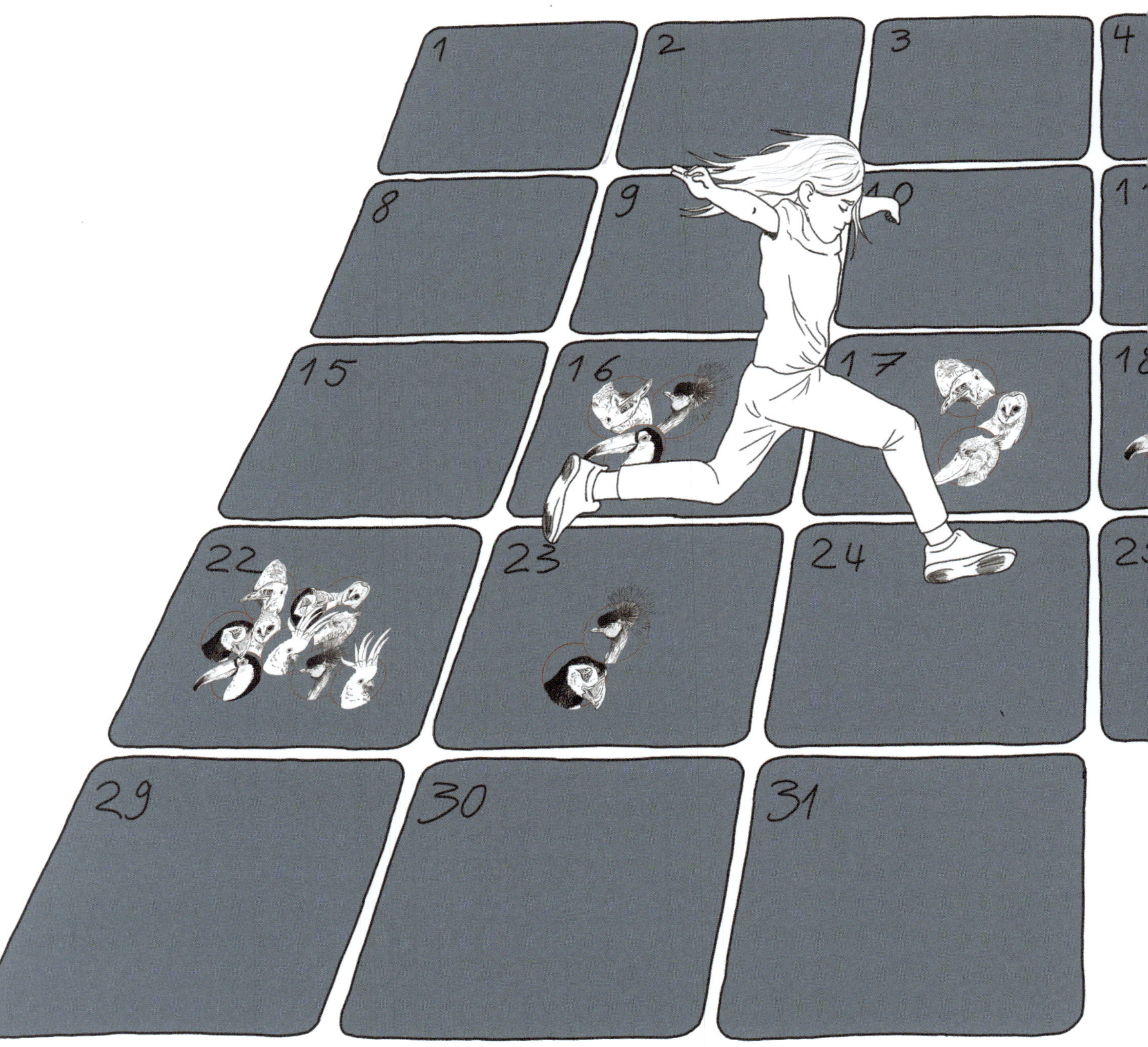

Ein paar Monate später, im Sommer, ist es tatsächlich so weit: Frieda, Patrick und ich haben jetzt nicht nur das Mikrofon und die Gitarre, sondern auch das Schlagzeug!

**Ich habe es endlich geschafft!**

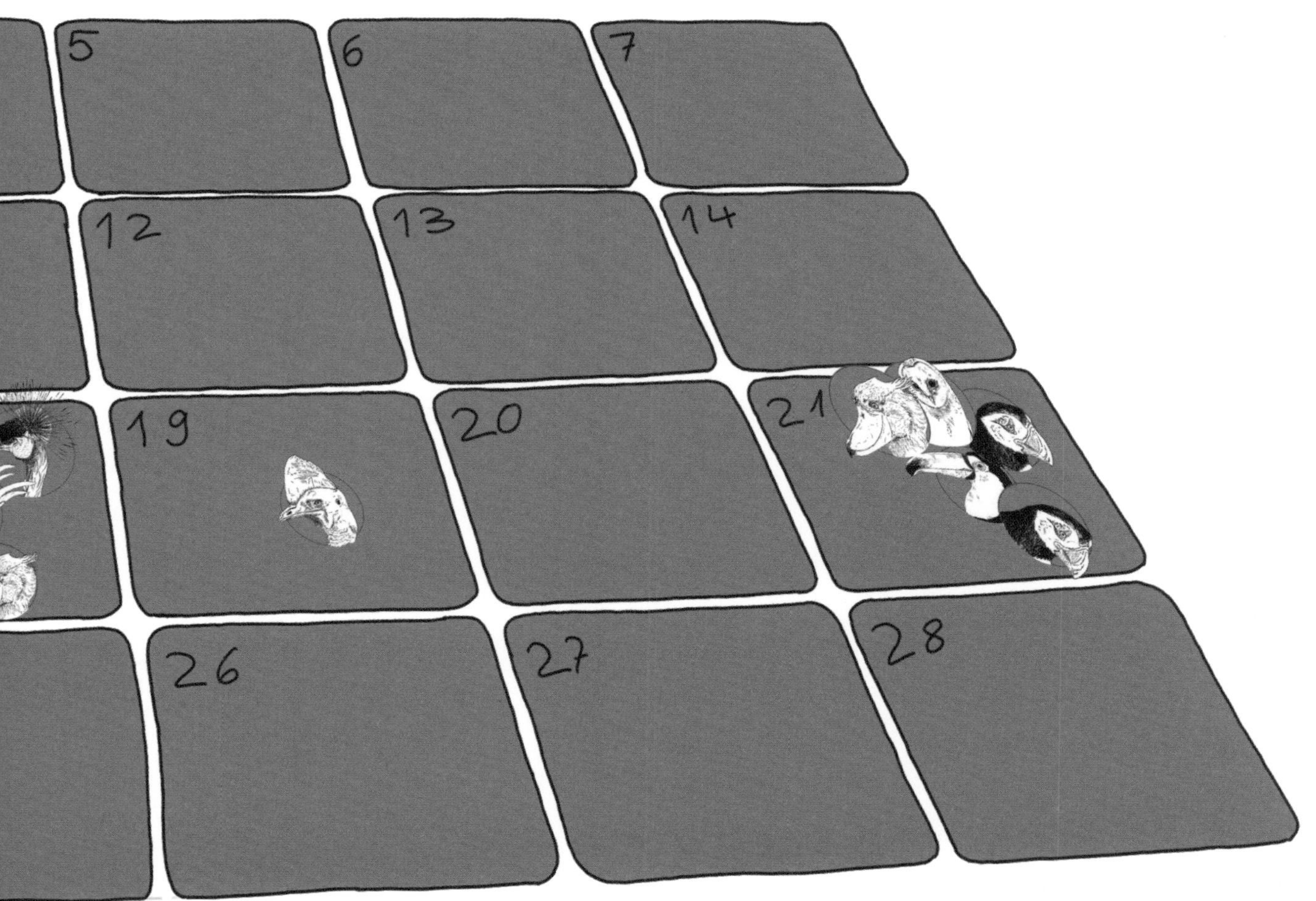

Es ist wieder Sonntag.
Papa und ich haben aus ein paar alten Holzkisten eine kleine Bühne gebaut und wir haben unsere Eltern und Geschwister zu unserem ersten richtigen Auftritt eingeladen. Wir haben sogar ein Plakat gemacht und darauf geschrieben:

**KIMI & DIE LAUTEN ORGANE**

So heißt nämlich unsere Band. Wir sind jetzt zu fünft, Linn und Oskar haben nämlich auch Instrumente bekommen. Wir schreien und trommeln und hüpfen so laut wir können. Mama hält sich zwar die Ohren zu, aber Papa jubelt. **Und ich glaube, irgendwo zwitschert vielleicht auch der Kuckuck mit.**

# Mach mit! – Übungen für Dich

Alle Zusatzmaterialien, inklusive Übungen, Informationen und Adressen für Hilfesuchende sind auch online hinterlegt. Sie gelangen über den QR-Code oder den folgenden Link zum Onlineangebot:

www.hogrefe.ch/downloads/kuckuck-mitmachen

MUTTI

## Die kleinen Kuckuckskinder

In der Geschichte von Kimi hast du gesehen, dass es Kinder gibt, die sich ein bisschen so wie Kuckuckskinder verhalten. **Sie streiten viel, nehmen Sachen weg oder schubsen und sagen Schimpfwörter zu anderen.** Es gibt viele Kinder, die ab und zu solche Sachen machen und das gehört manchmal auch zum Kindsein dazu. Es gibt aber auch Kinder wie Kimi, denen es besonders schwerfällt, sich an Regeln zu halten. Sie haben ständig Streit mit anderen, hören nicht auf Erwachsene und haben ihren Ärger nicht unter Kontrolle. **Dann kann es auch mal passieren, dass sie gefährliche Dinge tun, Lügen erzählen und andere Kinder ausgrenzen oder sogar verletzen.**

Auch vor Kimi hatten einige Kinder Angst. Ganz oft hat Kimi etwas Verbotenes gemacht, wie zum Beispiel aus der Schule wegzulaufen. Wie vielen Kindern es besonders schwerfällt, sich an Regeln zu halten, siehst du in dem Bild auf der folgenden Seite.

Hier sind hundert Vogeleier. In jedem von ihnen steckt ein kleines Kuckuckskind. Einige Eier sind größer und sehen anders aus als die anderen. Kannst du sie erkennen? Wie viele sind es?

Vielleicht ist es bei dir in der Schule ja ähnlich und du kennst auch ein paar Kinder, denen es besonders schwerfällt, sich an Regeln zu halten. Oder vielleicht sind Regeln ja auch für dich selbst sehr schwierig. Bei Jungen ist das häufiger so als bei Mädchen, aber auch bei Mädchen kommt es manchmal vor. Dass manche Kinder diese Schwierigkeiten haben, hat meistens verschiedene Gründe. Diese Kinder bemerken, dass sie meistens die Sachen bekommen, die sie gerade haben wollen, wenn sie nur laut genug schreien oder jemanden hauen. Allerdings folgen dann meist kurz darauf Streit und Ärger, und es ist dann gar nicht mehr so schön, das bekommen zu haben, was man wollte. Oft verstehen die Kinder auch nicht, warum es wichtig ist, auf die Erwachsenen zu hören und nett zu anderen zu sein. Manchmal liegt das daran, dass die Eltern es nur gut mit ihnen meinen und deshalb oft nachgeben. Auch wenn die Eltern krank sind, fällt es ihnen manchmal schwer, Regeln durchzusetzen. Und wenn es zu Hause mit den Regeln schon nicht klappt, dann gibt es meistens auch in der Schule und in der Freizeit Probleme.

Überall gibt es nämlich Regeln, die sehr wichtig sind. Regeln sind dazu da, dass alle gut und friedlich miteinander auskommen. Wenn man andere so behandelt, wie man selber behandelt werden möchte, dann geht es einem selbst viel besser. Wenn man nicht geschubst, ausgelacht oder beschimpft werden will, dann sollte man auch andere nicht schubsen, auslachen oder beschimpfen. Kinder wie Kimi haben meistens nicht viele Freunde, weil die anderen Kinder ihnen lieber aus dem Weg gehen. Es geht ihnen dann so ähnlich wie dem Kuckuckskind in der Geschichte, das einfach alle anderen Eier aus dem Nest geworfen hat und alleine im Nest geblieben ist.

Vielleicht fühlst du dich auch so wie Kimi, und es fällt dir schwer, dich an Regeln zu halten. Aber weißt du was? Jeder kann lernen, Regeln einzuhalten und nett zu anderen zu sein. Wenn du möchtest, dass andere sich an Regeln halten und nett zu dir sind, dann musst du das auch tun. Es ist zwar nicht immer einfach, aber Übung macht den Meister. Auf den folgenden Seiten kannst du gemeinsam mit Kimi verschiedene Methoden ausprobieren, die dir dabei helfen.

**Los geht's!**

## Kimis Regeln

Hallo, ich bin's, Kimi!
Meine Mama hat eine tolle Idee gehabt, um mir dabei zu helfen, mich an Regeln zu halten. Wir haben uns gemeinsam Regeln und Aufgaben überlegt, die wichtig sind. Jedes Mal, wenn ich eine Regel einhalte, bekomme ich dafür einen Sticker zum Aufkleben. Das macht echt Spaß und mittlerweile fällt mir das mit den Regeln auch schon viel leichter!
Probiere es doch auch mal aus.

**Welche Regeln sind in deiner Familie besonders wichtig?**
**Wozu sind die gut?**

| Diese Regeln sind wichtig | Darum beachte ich sie |
|---|---|
| | |
| | |
| | |
| | |
| | |
| | |

| Diese Regeln sind wichtig | Darum beachte ich sie |
|---|---|
| | |
| | |
| | |
| | |
| | |
| | |

Für jede Regel, die du am Tag eingehalten hast, bekommst du abends einen Sticker, den du auf deinen Sammelzettel aufkleben kannst. Diesen findest du gleich auf der nächsten Seite. Wenn du mehrere Sticker gesammelt hast, kannst du sie gegen eine Belohnung eintauschen. **Überlege dir mit deinen Eltern, welche kleinen, mittleren und größeren Belohnungen gut sein könnten.** Du kannst dann selbst entscheiden, ob du lieber schnell eine **kleine** Belohnung haben möchtest oder auf eine **größere** Belohnung sparst.

Bei 4 Stickern:
Bei 12 Stickern:
Bei 20 Stickern:
Bei _____ Stickern:

Sei nicht enttäuscht, wenn du es am Anfang nicht schaffst, so viele Sticker zu sammeln, wie du gerne hättest. Das ist ganz normal. Mit der Zeit wirst du immer besser werden.

**Du schaffst das!**

## Sammelplan

Klebe deine gesammelten Sticker in die dafür vorgesehenen Nester.

Woche:

Donnerstag
Freitag
Samstag
Sonntag

## Hinweis für die Eltern

Ein Punkteplan hat sich in der Praxis als hilfreiches Mittel erwiesen, um bestimmte positive Verhaltensweisen bei Kindern zu fördern. Man sollte hierbei jedoch einige Dinge beachten.

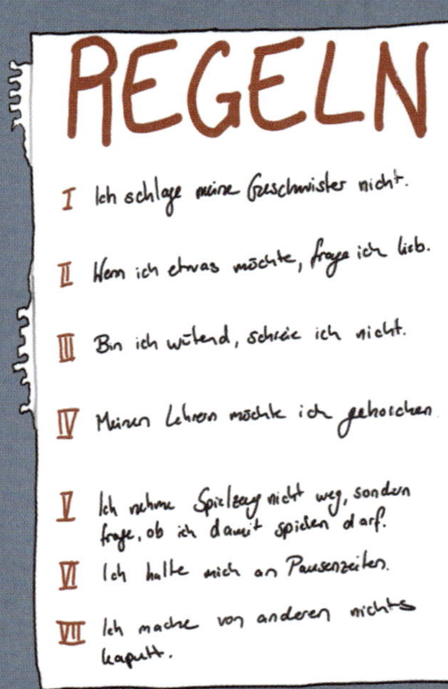


1) Wählen Sie gerade am Anfang nur eine überschaubare Anzahl an Regeln und Verhaltensweisen aus, um das Kind nicht zu überfordern. Die Regeln sollten ganz konkret und genau formuliert sein, damit es keinen Interpretationsspielraum gibt. Beispielsweise verstehen Eltern und Kinder unter einem „aufgeräumten Zimmer" oft etwas anderes. Deshalb ist es wichtig, ganz genau aufzuschreiben, was Sie von Ihrem Kind erwarten.

2) Halten Sie im Punkteplan auch schriftlich fest, wie viele Punkte das Kind wofür bekommt. Wenn es dem Kind zum Beispiel schwerfällt, eine Regel den ganzen Tag einzuhalten, kann man den Tag in mehrere zeitliche Abschnitte unterteilen. Das Ziel sollte auf jeden Fall so definiert sein, dass das Kind es auch wirklich schaffen kann. Andernfalls führt das zu Frustration, und das Kind wird schnell aufgeben.

3) Geben Sie Ihrem Kind nur Sticker für Verhalten, das im Punkteplan aufgeschrieben wurde!

4) Nehmen Sie Ihrem Kind keine Sticker nachträglich als „Strafe" wieder weg. Das führt zu Frustration, und Ihr Kind verliert die Lust, weiter Sticker zu sammeln.

5) Wenn es Geschwisterkinder in der Familie gibt, beziehen Sie diese ein. Ihnen sollte erklärt werden, dass das eine besondere Unterstützung für das Kind ist, um etwas zu üben, was ihm schwerfällt.

6) Wählen Sie gemeinsam mit Ihrem Kind realistische Belohnungen aus. Beziehen Sie das Kind mit ein, weil es sich nur anstrengen wird, wenn es die Belohnung wirklich gut findet. Erlebnisbelohnungen, wie Eis essen, zusammen Fahrrad fahren, das Lieblingsspiel spielen und sonstige gemeinsame Aktivitäten, bieten sich besonders gut an. Legen Sie einen „Umtauschkurs" fest, der vorgibt, für wie viele Sticker es welche Belohnung gibt.

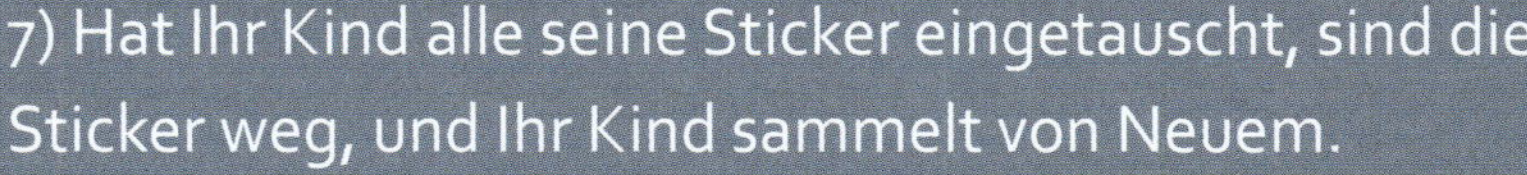

7) Hat Ihr Kind alle seine Sticker eingetauscht, sind die Sticker weg, und Ihr Kind sammelt von Neuem.

8) Lassen Sie Ihr Kind allein entscheiden, ob es frühzeitig eine kleine Belohnung haben oder auf eine größere sparen möchte.

9) Generell führt der Punkteplan eher zu beobachtbaren Verhaltensänderungen. Es ist auch wichtig, dem Kind Aufmerksamkeit zu schenken und auf seine Bedürfnisse einzugehen. Loben Sie Ihr Kind zusätzlich für die Einhaltung von Regeln!

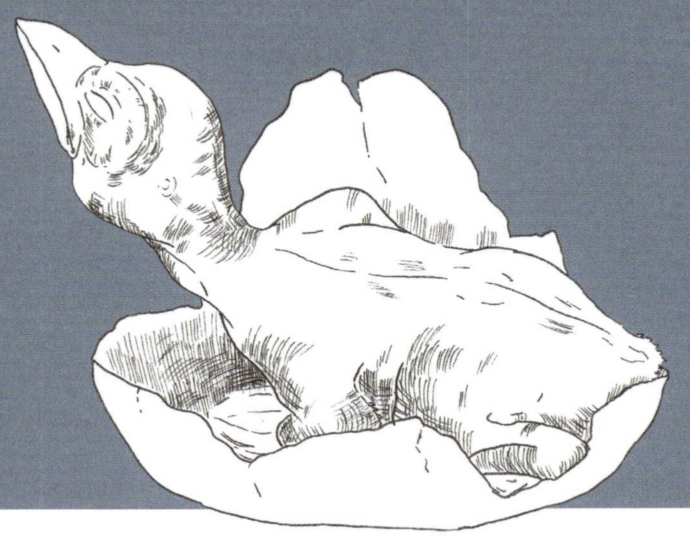

## Kimis Zaubersprüche zum Cool-Bleiben

Früher war es bei mir so, dass ich meinen Ärger nicht immer ganz im Griff hatte. Wenn jemand unfair zu mir war oder mir etwas nicht gepasst hat, dann habe ich etwas kaputtgemacht oder sogar zugehauen. Damit mir das nicht mehr so oft passiert, hat mir mein Papa ein paar Zaubersprüche verraten, an die ich mich in solchen Situationen erinnern kann. Wenn mich zum Beispiel mein Bruder nervt oder mich doof anguckt, sage ich einfach zu mir selbst:
**„Cool bleiben. Ohne Wut geht's mir gut."** Und dann schaffe ich es meistens auch, meine Wut wegzuzaubern. Das ist viel besser, denn wenn ich cool bleibe, geht es mir gut, und die anderen haben auch keine Angst vor mir.

Für jede Situation habe ich deshalb den passenden Zauberspruch gelernt.

Wenn mich jemand ärgert, sage ich mir:
**„Den Ärger in den Kerker!"**
(Das ist ein Gefängnis – da soll der Ärger drin bleiben!)
**„Ich hör einfach nicht drauf, dann hört der andere auf."**

Oder wenn ich sauer auf meine Eltern bin, dann sage ich mir zum Beispiel:
**„Einfach cool bleiben. Mit Ruhe weiß ich, was ich tue!"**
**„Sag' ich es in Ruh, dann hören sie mir zu."**

Und wenn ich mal wieder mit jemanden streite, sage ich:
**„Ich weiß, wie ich das löse, drum werde ich nicht böse."**
**„Höre ich ihm zu, dann lösen wir's im Nu."**

**Diese Zaubersprüche funktionieren bei dir bestimmt auch sehr gut.
Du kannst ja mal versuchen, sie zu lernen.**

Bestimmt fallen dir noch mehr Situationen ein, in denen es besser ist, cool zu bleiben. Welche sind das, und welcher Zauberspruch passt da am besten? Du kannst auch probieren, Zaubersprüche zu finden, die sich reimen. Sie funktionieren aber natürlich auch ohne Reim.

## Kimis Traumreise

Ich träume sehr gerne. Beim Träumen schlüpfe ich in eine andere Welt, und manche Dinge, die dort passieren, sind sogar schöner als im richtigen Leben. Wenn du magst, mach doch bei meiner Traumreise mit! Deine Eltern können sie dir vorlesen, während du die Augen schließen und einfach darin eintauchen darfst. Bist du bereit? Dann kann es losgehen!
Mach es dir nun bequem. Du kannst dich hinlegen oder dich einfach gemütlich hinsetzen. Atme entspannt ein und aus. Schließe nun die Augen, damit du dir alles genau vorstellen kannst und wir unsere Reise beginnen können. Prima.

Du läufst mit deinem besten Freund oder deiner besten Freundin durch einen Wald.
Unter deinen Füßen spürst du den weichen Waldboden. Weil der Boden sich so angenehm anfühlt, hast du die Schuhe ausgezogen und das Moos kitzelt unter den Fußsohlen. Die warme Nachmittagssonne scheint durch die Baumkronen und wärmt dein Gesicht. Die Blätter werfen lustige Schatten, die auf dem Boden hin und her tanzen. Der Duft von Blumen und Wiese erfüllt deine Nase. Was für ein herrlicher Nachmittag. Dein Atem geht ganz ruhig ein und aus. Am Wegesrand entdeckst du ein paar Pflanzen, an denen viele Beeren hängen. Das müssen Brombeeren sein! Ihr nähert euch, und du suchst dir eine besonders schöne, dicke Brombeere aus. Du guckst sie dir ganz genau an.
**Ein Prachtstück!**
Du steckst dir die Beere in den Mund. Ein süßer, aber auch leicht säuerlicher Geschmack breitet sich aus. Lecker! Du pflückst ein paar weitere Beeren, und ihr führt euren Spaziergang fort. Ihr erreicht eine Wiese, die von Bäumen umringt ist.
**Ein toller Ort für euer Picknick!**
Du hast eine Decke mitgebracht und breitest sie auf dem Boden aus. Aus deinem Rucksack holst du Saft, Kekse, Apfelstücke und Brote. Genüsslich esst ihr ein wenig davon und legt euch dann auf den Rücken, um die Wolken zu beobachten. Du spürst ein leichtes Lüftchen um die Nase und hörst die Vögel um euch herum zwitschern.
Da raschelt es, ganz dicht neben deinem Kopf. Was ist denn das? Ein Eichhörnchen hat sich angeschlichen und steht ganz nah bei dir! Es hat die Apfelstücke gerochen und möchte sich doch tatsächlich eins davon klauen!

**Du spürst, dass du ärgerlich wirst – das ist doch euer Picknick!**

Dein erster Gedanke ist, eine schnelle Bewegung zu machen, um das Eichhörnchen zu verscheuchen. Doch dann fallen dir die Zaubersprüche zum Coolbleiben ein, die Kimi dir beigebracht hat: „Cool bleiben. Ohne Wut geht's mir gut." und „Mit Ruhe weiß ich, was ich tue!" So verschwindet der Gedanke, das Eichhörnchen zu verscheuchen, und du beobachtest es einfach nur. Von so nah hast du noch nie eins gesehen! Die weichen Öhrchen wackeln fröhlich, als das Eichhörnchen sich ein Stückchen Apfel mit den Pfoten greift und in sein Mäulchen steckt. Mit dicken Backen verschwindet es genauso schnell, wie es gekommen ist.

Du lächelst und lehnst deinen Kopf wieder zurück. Das Eichhörnchen ist glücklich und du bist es nun auch. Und während du noch an das rötliche, weiche Fell des kleinen Tieres denkst, beginnt der Wald um dich herum langsam zu verschwinden. Die Reise geht zu Ende. Und so kommst du langsam von der Decke auf der Wiese im Wald wieder zurück in dieses Zimmer. Du fühlst dich entspannt und ausgeruht. Du atmest noch einmal tief ein und aus und reckst und streckst dich ein wenig. Öffne nun langsam deine Augen.

## Was wäre, wenn...?

In der Schule habe ich oft Ärger mit den Lehrerinnen und Lehrern und den anderen Kindern. Dabei will ich doch einfach nur Spaß mit meinen Freunden und Freundinnen haben. Letztens erst haben wir in der großen Pause zu dritt Fußball gespielt und auf ein Tor geschossen. Da kam plötzlich Tim vorbei und hat einfach so den Ball genommen und wollte mitspielen. Das hat mich ganz schön wütend gemacht, weil ich eigentlich nur mit Frieda und Patrick spielen wollte.

**Überleg dir doch mal, welche der drei Lösungen in dieser Situation die beste wäre.**

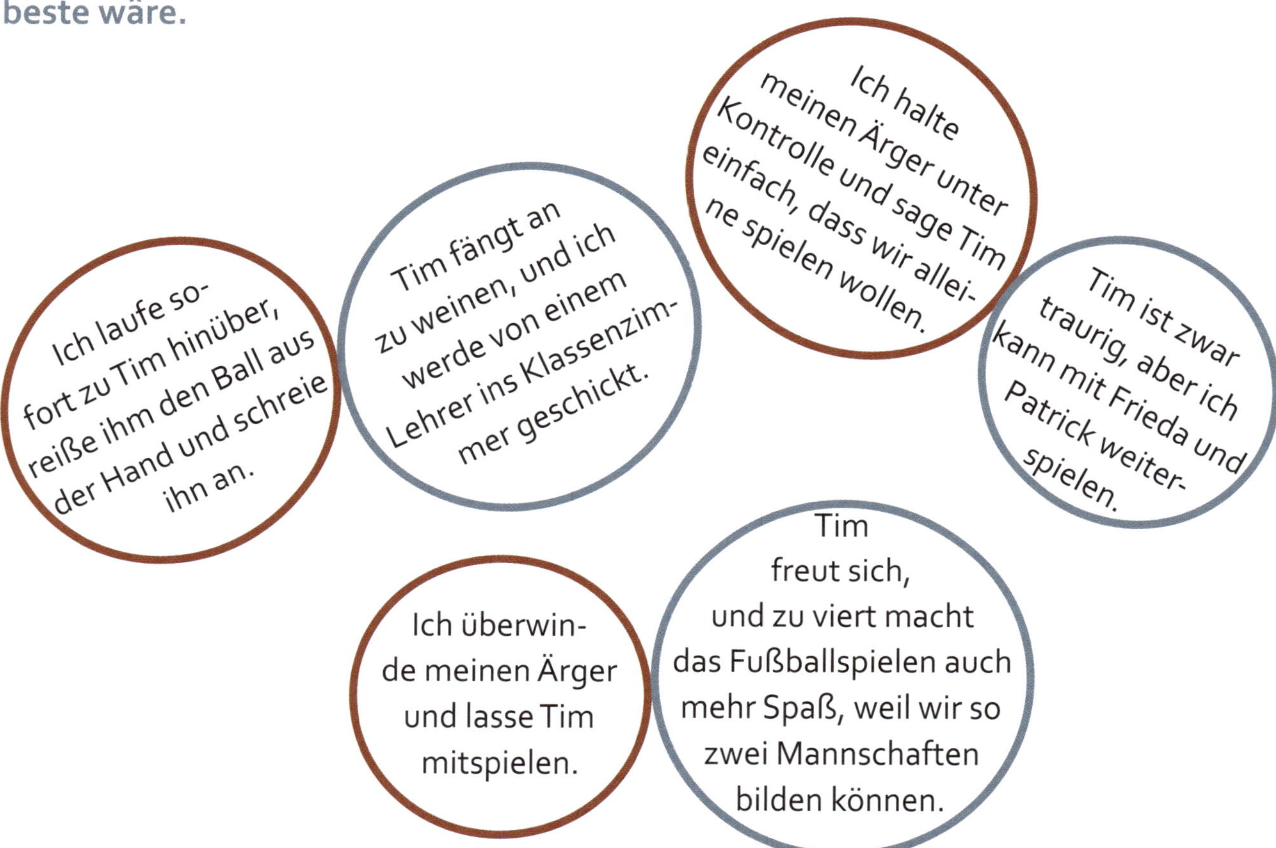


Verschiedene Lösungen führen zu unterschiedlichen Ergebnissen. Bevor man handelt, ist es schlau zu überlegen, was man erreichen möchte. Vielleicht fällt dir ja auch eine Streitsituation ein, für die es unterschiedliche Lösungen gibt. Schreib diese doch einmal auf und überleg dir, welche Lösung zu welchem Ergebnis führen würde. Wähle dann die beste Lösung aus. Vielleicht erinnerst du dich beim nächsten Streit daran, und es hilft dir.

Situation:

Was könnte ich machen?

Was würde passieren?

Was könnte ich machen?

Was würde passieren?

## Für alle, die mehr wissen wollen

Verhaltensauffälligkeiten im Kindes- und Jugendalter gehören für die meisten Eltern zum Alltag. Doch was ist noch „Trotzphase", was ist „normale" Pubertät, was ist ein „gestörtes Verhalten", ab wann soll und muss man handeln?
***Und vor allem: Was hilft? Was ist eine Störung des Sozialverhaltens?***

Um abzugrenzen, ab wann man von einer Störung des Sozialverhaltens reden kann, haben Expert*innen bestimmte Merkmale festgelegt, die diese ausmachen.

Das Kind zeigt über einen Zeitraum von mindestens sechs Monaten aggressives, antisoziales und aufsässiges Verhalten. Konkrete Verhaltensweisen können sein: extremes Streiten, Tyrannisieren, Grausamkeit gegenüber anderen Personen oder Tieren, Zerstören von Eigentum, Feuerlegen, Stehlen, häufiges Lügen, Schulschwänzen, Weglaufen von zu Hause, Wutausbrüche, Ungehorsam. Anders formuliert: Über die zeitliche Spanne von mindestens einem halben Jahr verletzt das Kind immer wieder grob die sozialen Erwartungen, die Kinder in diesem Alter in der Regel erfüllen sollten. Wenn ein dreijähriges Kind im Supermarkt Süßigkeiten einfach mitnimmt, weil es etwas nicht bekommt, ist das noch altersgemäß und normal. Tut dies jedoch ein zehnjähriges Kind, verletzt das die sozialen Erwartungen.

Man kann verschiedene Unterformen der Störung des Sozialverhaltens unterscheiden: Manche Kinder haben trotz ihres Verhaltens feste und gute Bindungen zu anderen Menschen. Sie haben Freund*innen, und es gibt Menschen, die ihnen wichtig sind und ihnen etwas bedeuten. Andere Kinder mit dieser Störung haben Schwierigkeiten, feste Bindungen zu anderen Menschen aufzubauen und aufrechtzuerhalten. Wieder andere haben zusätzlich zu der Störung des Sozialverhaltens noch andere Probleme, zum Beispiel Schwierigkeiten mit der Aufmerksamkeit, oder sie sind vermehrt traurig oder ängstlich.
Generell spricht man erst dann von einer „Störung", wenn das gezeigte Verhalten mit „Leiden" verbunden ist. Wenn das Verhalten

des Kindes dazu führt, dass es Probleme in der Schule bekommt, sich sozial nicht gut integrieren kann, z. B. keine Freund*innen findet, ihm der Schulausschluss droht, es anfällig wird für körperlich ungesunde Verhaltensweisen (z. B. Alkohol, Rauchen, Drogenkonsum) oder seine Entwicklung auf eine andere Art und Weise gefährdet wird (z. B. durch illegale Aktivitäten), so kann man davon ausgehen, dass das Kind unter einer Störung des Sozialverhaltens leidet.

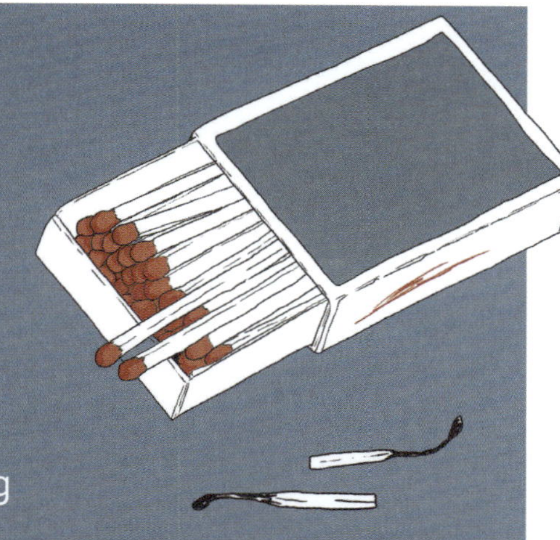

## Wie häufig gibt es die Störung?

Betroffen sind etwa 4 bis 5 % aller Kinder und Jugendlichen, wobei die Störung bei Jungen im Kindesalter deutlich häufiger vorkommt (zwei- bis viermal häufiger) (Maughan, Rowe, Messer, Goldman & Meltzer, 2004). Im Jugendalter gleicht sich das Verhältnis von Jungen und Mädchen an. Mädchen zeigen oftmals andere, indirektere Formen aggressiven Verhaltens als Jungen, z. B. Lästern, Verbreiten von Gerüchten oder Ausgrenzen anderer. Im Jugendalter steigt die Zahl der Betroffenen insgesamt ungefähr auf das Doppelte an, sinkt jedoch danach wieder auf das Ausgangsniveau ab (Petermann & Petermann, 2013). Beginnt die Störung bereits im Kindesalter, ist die Prognose deutlich schlechter, die Verhaltensweisen sind meistens ausgeprägter und halten auch länger an, manchmal verläuft die Störung sogar chronisch (Kimonis & Frick, 2010; Loeber & Burke, 2011).

## Eine Störung kommt selten allein

Bei der Störung des Sozialverhaltens gilt: Je früher der Beginn der Störung und je ausgeprägter die Verhaltensweisen, desto wahrscheinlicher ist es, dass sich das Verhalten verfestigt (Kimonis & Frick, 2010; Loeber & Burke, 2011). Oft fällt im Kindergarten oder spätestens beim Schulbeginn auf, wenn ein Kind Probleme beim Einhalten von Regeln hat, da hier der direkte Vergleich zwischen Kindern im selben Alter und deren Anpassung an Regeln und Normen gegeben ist. Zu Beginn der Schulzeit werden Grundsteine wie Lesen, Schreiben und Rechnen gelegt. Wenn das Kind aufgrund seines Verhaltens hier bereits Lücken entwickelt, kann dies eine Lese-Rechtschreib-Schwäche oder eine Rechenschwäche zur Folge haben und sich auf die gesamte Schulzeit auswirken. Die Kinder schaffen es dann nicht, ihr eigentliches Potenzial auszuschöpfen. Wenn das Verhalten auch das Schließen von Freundschaften beeinträchtigt oder sich Freundschaften nur zwischen Kindern mit ähnlichen Verhaltensweisen entwickeln, kann dies zu weiteren Problemen führen: Das Gefühl, von anderen nicht so akzeptiert zu werden, wie man ist, kann etwa zu verstärkter Traurigkeit, Ängstlichkeit oder Abhängigkeit führen (Fergusson, Horwood & Ridder, 2005; Petermann & Lehmkuhl, 2010)[1]. Zu einer Störung des Sozialverhaltens kommen oft auch weitere körperliche und psychische Krankheiten hinzu. So leiden Kinder mit einer Störung des Sozialverhaltens zum Beispiel 21-mal häufiger auch an ADHS (Aufmerksamkeitsdefizit-/Hyperaktivitätsstörung)[2] als andere Kinder (Witthöft, Koglin & Petermann, 2010). Die Anzahl der Kinder, die auch an Depressionen leiden, ist ebenfalls erhöht (Essau & Conradt, 2004). Aufgrund der zusätzlichen Belastungen sind die Kinder selbst häufig diejenigen, die am meisten unter ihrem Verhalten leiden. Aber natürlich kann auch das soziale Umfeld durch die Problematik beeinträchtigt werden.

## Woher kommt eine Störung des Sozialverhaltens? – Ursachen

Insgesamt gibt es viele verschiedene Faktoren, die eine solche Entwicklung begünstigen. Diese Faktoren spielen zusammen, nie ist ein einziger Grund Ursache für eine psychische Störung. Einen bedeutenden Aspekt kann das soziale Umfeld darstellen, doch auch die natürlichen Anlagen des Kindes können einen Einfluss auf die Entstehung haben. Frühkindliche traumatische Erlebnisse, Erfahrung mit Gewalt und Vorbilder, die Gewalt anwenden, Vernachlässigung, wenige warmherzige Beziehungen, zu wenig Kontrolle und Aufsicht, ein Freundeskreis, der ähnliche Verhaltensweisen an den Tag legt und sich gegenseitig verstärkt, und anhaltende schulische Misserfolge können dazu beitragen, dass sich die Störung

---

1 In der Reihe *Psychologische Kinderbücher* ebenfalls erschienen: *Linns Licht: Eine Geschichte für Kinder mit einer Depression*, ISBN: 978-3-456-86095-4

2 In der Reihe der *Psychologischen Kinderbücher* auch erschienen: *Zappel–Zirkus Zacharias: Ein Buch für zappelige Zirkuskinder mit ADHS, ihre Zirkusfamilien, Freunde und Zirkusdompteure*, ISBN: 978-3-456-85918-7

entwickelt. Das Temperament des Kindes, bestimmte Charaktereigenschaften, hormonelle Auffälligkeiten, Stress (Beelmann & Raabe, 2007), Armut und Gene (Wahl & Metzner, 2012) lassen sich in die Liste der möglichen Ursachen einreihen. Manche dieser Punkte lassen sich beeinflussen, andere nicht. Sie sollten deshalb an den Punkten ansetzen, die Sie verändern können.

## Was hilft?

Das Durchsetzen von Regeln spielt bei einer Störung des Sozialverhaltens eine sehr wichtige Rolle, da hier Veränderung am ehesten möglich ist (vgl. Petermann, Petermann & Franz, 2010; Petermann, Reinartz & Petermann, 2002; Webster-Stratton, Reid & Hammond, 2004).
Ein konsequenter Erziehungsstil ist dabei von besonderer Bedeutung.

**Arbeiten Sie als Team.** Regeln sollten gemeinsam aufgestellt werden und konsequent von allen Beteiligten umgesetzt werden (vgl. Beelmann & Raabe, 2007; Webster-Stratton et al., 2004). In der Geschichte gibt die Mutter Kimi eine „Auszeit", die der Vater durch seine Aussage „Ach, sperr das Kind doch nicht ein!" zerschlägt, wodurch Kimi nicht weiß, an welche Regel er sich halten soll. Dies sollte nicht passieren. Wenn Eltern sich für eine Maßnahme entscheiden, sollten sie sich auch gemeinsam darum kümmern, dass diese durchgesetzt wird. Das ist gerade bei der Störung des Sozialverhaltens zentral, da die Eltern und ihr Umgang mit Regeln als Modell für das Kind gelten (siehe Theorie „Lernen am Modell"; Bandura, 1976). Wird hier vorgelebt, dass das Einhalten von Regeln „nicht so wichtig" ist oder das „Regelbrechen" keine Konsequenzen nach sich zieht,verwirrt dies das Kind, und es kann nicht daraus lernen.

**Fördern Sie gutes Verhalten.** Das Einhalten von Regeln sollte attraktiver sein als die Nichteinhaltung. Oft verstärken Eltern aus Versehen ein unerwünschtes Verhalten, indem dafür Aufmerksamkeit geschenkt wird. Der weiter vorn beschriebene Punkteplan soll dem entgegenwirken, indem erwünschtes Verhalten Aufmerksamkeit erhält und belohnt wird und unerwünschtes Verhalten durch das Ausbleiben von Aufmerksamkeit unattraktiver wird. Versuchen Sie, den Fokus auf das positive Verhalten zu legen, und bewahren Sie Ruhe, wenn Ihr Kind es einmal nicht schafft. Schenken Sie Ihrem Kind also auch Aufmerksamkeit, wenn es gerade nicht aus der Rolle fällt. Manchmal kann man dem Kind auch durch einfache

Gesten deutlich machen, dass man zufrieden mit ihm ist, zum Beispiel „Daumen hoch" oder „High Five".

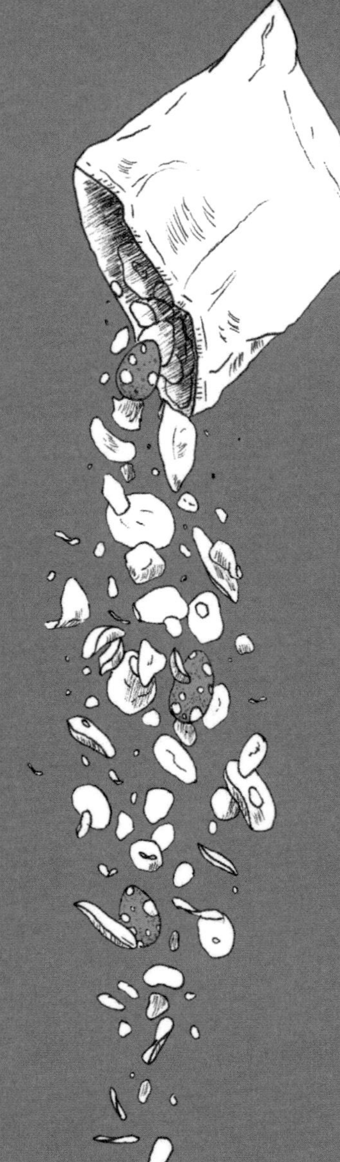

**Seien Sie geduldig.** Regeln konsequent durchzusetzen stellt eine enorme Herausforderung dar, ist sehr kraft- und zeitaufwändig, und meistens wird das Verhalten des Kindes erst einmal schlechter, bevor sich eine Besserung einstellt. Das ist deshalb so, weil die Kinder das konsequente Durchsetzen von Regeln nicht gewohnt sind. Sie haben gelernt, dass sie zum Beispiel nur genügend problematisches Verhalten zeigen müssen, um sich durchzusetzen. Deshalb werden sie erst einmal „mehr Gas geben", bevor sie merken, dass sie damit nichts mehr ausrichten können. Immer wieder Geduld aufzubringen, wird Ihnen viel abverlangen. Versuchen Sie nicht, alles alleine umzusetzen, sondern sprechen Sie sich mit Ihrem Partner/ Ihrer Partnerin ab und holen Sie sich auch Unterstützung bei Freund*innen.

**Reden Sie darüber.** Beziehen Sie die Lehrer*innen Ihres Kindes ein. Wenn alle an einem Strang ziehen, macht es das allen Beteiligten leichter. Scheuen Sie sich nicht, das Thema offen anzusprechen. Über Störungen des Sozialverhaltens wird in unserer Gesellschaft oft nur hinter verdeckter Hand getuschelt, es ist für viele ein unangenehmes Thema. Doch in fast jeder Klasse sitzt in der Regel mindestens ein Kind mit diesem Problem.

**Holen Sie sich Hilfe.** Als Eltern haben Sie nicht nur die Verantwortung gegenüber Ihrem Kind, sondern auch gegenüber sich selbst und möglicherweise Geschwisterkindern! Manchmal hat man als Eltern das Gefühl, überfordert zu sein. Für solche Situationen gibt es Anlaufstellen, die Eltern in genau solchen Lebensphasen unterstützen, zum Beispiel durch professionelle Gespräche oder auch spezielle Trainings (z. B. Elterntrainings).

Unter diesem QR-Code und dem folgenden Downloadlink finden Sie einige Adressen, an die sich wenden können, falls Sie sich gerade in einer solchen Situation befinden: www.hogrefe.ch/downloads/kuckuck-mitmachen

## Quellen und weiterführende Literatur


Bandura, A. (1976). *Lernen am Modell.* Stuttgart: Klett.

Beelmann, A. & Raabe, T. (2007). *Dissoziales Verhalten von Kindern und Jugendlichen*. Göttingen: Hogrefe.

Deutsches Institut für Medizinische Dokumentation und Information (DIMDI) im Auftrag des Bundesministeriums für Gesundheit (BMG) unter Beteiligung der Arbeitsgruppe ICD des Kuratoriums für Fragen der Klassifikation im Gesundheitswesen (KKG). (Hrsg.). (2018). *Internationale statistische Klassifikation der Krankheiten und verwandter Gesundheitsprobleme. 10. Revision. German Modification (ICD-10-GM). Version 2019.* Systematisches Verzeichnis. Köln: DIMDI. Verfügbar unter www.dimdi.de/dynamic/.downloads/klassifikationen/icd-10-gm/version2019/icd10gm2019syst-pdf.zip

Deutsches Institut für Medizinische Dokumentation und Information (DIMDI) im Auftrag des Bundesministeriums für Gesundheit (BMG) unter Beteiligung der Arbeitsgruppe ICD des Kuratoriums für Fragen der Klassifikation im Gesundheitswesen (KKG). (Hrsg.). (2019). *F91.– Störungen des Sozialverhaltens.* Köln: DIMDI. Verfügbar unter www.icd-code.de/icd/code/F91.-.html

Essau, C. A. & Conradt, J. (2004). *Aggression bei Kindern und Jugendlichen.* München: Reinhardt.

Kimonis, E. R. & Frick, P. J. (2010). Oppositional defiant disorder and conduct disorder grown-up. *Journal of Consulting and Clinical Psychology*, 74, 455–467.

Loeber, R. & Burke, J. D. (2011). Developmental pathways in juvenile externalizing and internalizing problems. *Journal of Research on Adolescence*, 21, 34–46.

Maughan, B., Rowe, R., Messer, J., Goodman, R. & Meltzer, H. (2004). Conduct disorder and oppositional defiant disorder in a national sample: Developmental epidemiology. *Journal of Child Psychology and Psychiatry*, 45, 609–621.

Petermann, F. & Lehmkuhl, G. (2010). Prävention von Aggression und Gewalt. *Kindheit und Entwicklung*, 19, 239–244.

Petermann, F. & Petermann, U. (2013). Störungen des Sozialverhaltens. *Kindheit und Entwicklung*, 22, 123–126.

Petermann, U., Petermann, F. & Franz, M. (2010). Erziehungskompetenz und Elterntraining. *Kindheit und Entwicklung*, 19, 67–71.

Petermann, U., Reinartz, H. & Petermann, F. (2002). IDL 0–2: Ein Explorationsbogen zur Identifikation differentieller Lernwege in der Sozialentwicklung. *Zeitschrift für Klinische Psychologie, Psychiatrie und Psychotherapie*, 50, 427–457.

Wahl, K. & Metzner, C. (2012). Parental influcences on the prevalence and development of child aggressiveness. *Journal of Child and Family Studies*, 21, 344–355.

Webster-Stratton, C., Reid, M. J. & Hammond, M. (2004). Treating children with early-conduct problems: Intervention outcomes for parent, child and teacher training. *Journal of Clinical Child and Adolescent Psychology*, 33, 105–124.

Witthöft, J., Koglin, U. & Petermann, F. (2010). Zur Komorbidität von aggressivem Verhalten und ADHS. *Kindheit und Entwicklung*, 19, 218–227.


Das positive Erziehungsprogramm Triple P (Positive Parenting Program) ist ein wissenschaftlich anerkanntes Elternprogramm, in dem viele weitere Informationen und Anregungen zu dem Thema enthalten sind: www.triplep-eltern.de/de-de/triple-p

## Nachwort der Herausgeber*innen der Reihe *Psychologische Kinderbücher*

Die Psychologischen Kinderbücher entstanden durch einen seltenen Glücksfall im Kontext von zwei Seminarveranstaltungen des Fachbereichs Psychologie an der Philipps-Universität Marburg (PUM) im Winter- und Sommersemester 2014/15: Als Kooperationsprojekt entwickelten das Institut für Bildende Kunst und der Fachbereich Psychologie der PUM eine praktische Übung für illustrierte psychologische Kinderbücher.

Begonnen hat die Reihe als Pilotprojekt im Sommer 2017. Wir danken Prof. Tillmann Damrau und Dipl.-Des. Sabine Funk (beide heute Technische Universität Dortmund) für ihre Pionierarbeit am Institut für Bildende Kunst der PUM und die initiale Betreuung der ersten Bücher. Die Studierenden der Bildenden Kunst hatten Entwürfe zu Kinderbüchern erstellt, die verschiedene psychologische Themen behandeln. Diese Entwürfe wurden von den Studierenden der Psychologie auf der Textebene bearbeitet, sodass psychoedukative Bilderbücher zu psychischen Störungen im Kindes- und Jugendalter entstanden sind, welche den neusten Wissensstand zu den jeweiligen Störungen repräsentieren. So entstanden die ersten Bücher dieser Reihe: Opas Stern erzählt den Verlust einer nahestehenden Person; Zappel-Zirkus Zacharias beschreibt ADHS; Die kleine Eule Luna hat Trennungsangst zum Inhalt; Paul und der rote Luftballon und In Gedanken ein Fuchs thematisieren soziale Ängste. Die PUM würdigte dieses Projekt im November 2017 mit einem Preis für besonders innovative Lehre. Dieser Preis sowie die Unterstützung durch den Hogrefe Verlag ermöglichen es, seit dem Sommer 2018 die renommierte Illustratorin Leonore Poth hinzuzuziehen, die das Projekt künstlerisch begleitet.
Seit Beginn der Arbeit an vier weiteren Büchern im Sommer 2018 gibt es eine klare Aufgabenverteilung, sodass sich die Studierenden der Bildenden Kunst unter Anleitung von Prof. Klaus Lomnitzer ausschließlich auf die Illustration der Geschichten und die Gestaltung der Bücher konzentrieren können und die Studierenden der Psychologie auf die Inhalte, betreut durch Prof. Dr. Hanna Christiansen und unterstützt durch ein Herausgeberteam aus Expert*innen der Klinischen Kinder- und Jugendpsychologie: Prof. Dr. Christina Schwenck (Universität Gießen), Prof. Dr. Tina In Albon (Universität Koblenz-Landau) und Prof. Dr. Guy Bodenmann (Universität Zürich).
Mit den aktuellen Neuerscheinungen aus 2020 liegen nun insgesamt 13 psychologische Kinderbücher zu verschiedenen Themen vor. Die neuen Bücher behandeln Depression

(Linns Licht), oppositionelles Trotzverhalten (Karli, der kribbelige Kugelfisch) und Störungen des Sozialverhaltens (Zum Kuckuck mit den Regeln). Außerdem ist ein Buch dem Thema „Was ist eigentlich Psychotherapie/Psychiatrie?" gewidmet (Kein Samstag ohne rote Grütze).

Wir freuen uns besonders, dass aus dem universitären Seminaralltag und dem akademischen „Elfenbeinturm" eine so gelungene Buchreihe für kleine Leser*innen und hilfreiche Publikationen für Therapeut*innen und Eltern hervorgeht und wünschen dieser Reihe viele begeisterte Leser*innen und Nutzer*innen. Die Reaktionen auf die bisherigen Bücher waren überwältigend positiv, worüber wir uns sehr gefreut haben. Wir sind uns sicher, dass wir mit den neu hinzukommenden Büchern an diesen Erfolg anknüpfen können und aufgrund der nun vorliegenden Rückmeldungen von Leser *innen und Fachleuten aus der Praxis die Qualität der Bücher weiter steigern können.

Prof. Dr. Hanna Christiansen und Prof. Klaus Lomnitzer (Marburg), Prof. Dr. Tina In-Albon (Landau), Prof. Dr. Christina Schwenck (Gießen), Prof. Dr. Guy Bodenmann (Zürich)
September 2020

## Aus künstlerischer Sicht

Es ist ein recht ungewöhnliches, nicht alltägliches Unterfangen Studierende unterschiedlicher Fakultäten für ein derartig gutes und hilfreiches interdisziplinäres Projekt zusammenzuführen. Noch ungewöhnlicher ist es, sie etwas Fachfremdes tun zu lassen, beispielsweise Psychologiestudierende Kinderbücher schreiben zu lassen; Bücher für Kinder, die sich mit psychologischen Problemen konfrontiert sehen, oder mit Schwierigkeiten, die die Eltern haben, oder Herausforderungen, die das Kind selber in seiner Umgebung zu meistern hat. Zu diesen Psychologiestudierenden kommen nun Studierende des Instituts für Bildende Kunst hinzu, die die Texte und Arbeitsblätter bebildern und so erst zu einem richtigen Kinderbuch machen. Und dann gibt es mit dem Hogrefe Verlag einen Fachverlag, der die Bücher, die in dieser Kooperation entstehen, erfolgreich als Reihe verlegt.
Waren bei den ersten Büchern die Aufgaben noch nicht klar verteilt, können sich die Studierenden am Institut für Bildende Kunst bei den neuesten Büchern der Reihe nun

ausschließlich auf die Illustration der von den Studierenden der Psychologie erarbeiteten Geschichten und die Gestaltung der Bücher konzentrieren. Ein derartiges Kinderbuchprojekt stellt grundsätzlich und im Besonderen für Studierende eine anspruchsvolle Herausforderung dar und setzt eine entsprechend hohe Motivation voraus. Ohne das zusätzliche und leidenschaftliche Engagement der Studierenden wäre die erfolgreiche Arbeit an jedem einzelnen Buchprojekt undenkbar. Zum einen müssen die Studierenden zu den Geschichten sensibel passende Bilder entwickeln und zum anderen diese mit dem Text in Buchform bis zur Publikationsreife gestalten und dabei im Einzelfall noch neue, digitale Techniken einüben und schließlich professionell anwenden. Für die Umsetzung des Vorhabens, trotz der nicht leichten Themen anspruchsvolle, aber auch unterhaltsame und kindgerechte Bücher entwickelt zu haben, danken wir den beteiligten Studierenden. Wir hoffen sehr, dass diese Bücher ihre helfende Wirkung auf Kinder und Eltern haben werden und wünschen den einzelnen Büchern wie der gesamten Reihe viel Erfolg!

Leonore Poth
Lehrbeauftragte für Kinderbuchgestaltung am
Institut für Bildende Kunst

Klaus Lomnitzer
Professor für Grafik und Malerei,
Geschäftsführender Direktor des Instituts für Bildende Kunst
FB 09 Germanistik und Kunstwissenschaften
Philipps-Universität Marburg

## Zum Kuckuck mit den Regeln – von der unbändigen Wut, die manchmal einsam macht

Nachwort von Prof. Dr. Christina Schwenck
(Professorin für Förderpädagogische und Klinische
Kinder- und Jugendpsychologie der Justus-Liebig-Universität Gießen)

*Zum Kuckuck mit den Regeln* richtet sich an Kinder, deren Wut sich wie ein aktiver Vulkan verhält: Wenn es erst einmal zu brodeln beginnt, ist der Ausbruch kaum mehr aufzuhalten. Dann verletzen sie andere mit Worten und Taten – und manchmal auch sich selbst. Aber auch wenn es nicht um Wut geht, fällt es diesen Kindern schwer, an die Folgen

ihrer Handlungen zu denken und Regeln einzuhalten. Sie machen Dinge, die im ersten Moment Spaß versprechen, dann aber oft in Ärger und negativen Konsequenzen für sie selbst und manchmal auch andere enden. Das ist das, was man von außen sieht und was dazu führen kann, dass Eltern, Lehrkräften und Gleichaltrigen der Umgang mit diesen Kindern so schwerfällt. Innen sieht es manchmal ganz anders in diesen Kindern aus. Wenn die Wut verraucht ist, tun ihnen ihre Worte und Taten oft leid, sie wünschen sich Anerkennung und leiden darunter, wenn keiner mit ihnen spielen möchte. So wie das Kuckuckskind oder auch Kimi aus unserer Geschichte. Einen brodelnden Vulkan in den Griff zu kriegen, ist ganz schön schwer, und auch die Folgen des eigenen Tuns im Vorfeld zu bedenken ist nicht leicht, schon gar nicht für Kinder, die sehr impulsiv sind. Kimi kennt das sehr gut, und immer wieder kommt Kimi in Situationen, die in Kimis Vorstellung eigentlich ganz anders sind. Dabei geht es Kimi doch nur darum, Spaß zu haben. Dass das Kuckuckskind am Ende allein im Nest sitzt, ohne andere Vogelkinder, mit denen es Spaß haben könnte, macht Kimi nachdenklich. Und so versucht Kimi, sich an ein paar Regeln zu halten, auch wenn das ganz schön schwierig ist.  Zum Glück helfen die Eltern und Geschwister dabei. Und auch wenn es nicht an jedem Tag klappt – es fühlt sich gut an, und zum Schluss erfüllt sich auch ein großer Traum von Kimi. Einfühlsam werden in diesem für Kinder äußerst ansprechend gestalteten Buch die widersprüchlichen Gefühle, die Kinder wie Kimi in sich tragen, dargestellt. Dabei werden nicht nur die von außen sichtbaren, sondern auch die inneren Schwierigkeiten, die Kinder wie Kimi erfahren, einfühlsam dargestellt. Die Geschichte zeigt Kindern wie Kimi, dass es Möglichkeiten gibt, mit starken Gefühlen so umzugehen, dass niemand verletzt wird. Das ist nicht leicht und klappt nicht immer, aber es gibt gute Tricks, wie man es Stück für Stück schaffen kann. Die kindgerecht gestalteten Übungen zum Mitmachen und die Tipps für Eltern helfen dabei, diese Tricks in die Tat umzusetzen. Und so kann vielleicht auch ein kleiner Traum in Erfüllung gehen.
*Zum Kuckuck mit den Regeln* ist damit ein Buch, das sich hervorragend eignet, Kindern im Alter von 6-12 Jahren zu helfen, ihren inneren Vulkan in Schach zu halten und wirklichen, echten Spaß mit ihrer Familie und ihren Freundinnen und Freunden zu erleben.

Prof. Dr. Christina Schwenck, Gießen im Februar 2020

## Vorstellung der Illustratorin

Foto: Fenja Koring

**Julia Weißflog** wurde 1993 geboren und hat selbst einen jüngeren Bruder, ohne den sie sich die Welt gar nicht vorstellen kann. Ihre Kindheit haben sie unzertrennlich und wild spielend im Garten verbracht. Dabei ging es manches Mal ziemlich drunter und drüber. Ein einsames Kuckuckskind wollte sie aber trotz mancher Streits niemals sein. Ohne ihn wäre die Welt für sie auf jeden Fall ein ärmerer Ort. Julias Bruder ist Schlagzeuger und war eine große Inspiration für die Illustrationen in diesem Buch. Wenn ihr hier ein Schlagzeug seht, dann ist es meistens seins.

# Vorstellung der Autor*innen

**Christiane Dahm** wurde im Jahr 1996 in Mettmann geboren und hat sehr gerne an der Universität in Marburg studiert. Sie liebt es, Zeit mit anderen Menschen zu verbringen: ihrer Familie, Freunden oder Schulkindern. Sie hat schon einmal ein Jahr lang in einer Grundschule in Tansania (Afrika) unterrichtet und hier viel über das Thema Schule aus der Perspektive einer Lehrerin gelernt. In ihrer Freizeit ist sie gerne in der Natur, macht Sport oder kocht. Sie lernt auch gerne neue Länder, Sprachen und Kulturen kennen.

**Markus Mews** ist 2015 nach Marburg gezogen, um dort Psychologie zu studieren. Er liebt es, unterwegs zu sein, und hätte manchmal am liebsten Flügel, um sich die ganze Welt einmal genau anzusehen. Da es mit dem Vogelsein noch nicht geklappt hat, begnügt er sich damit, in seiner Freizeit viel klettern zu gehen und so schon mal einen ganz guten Ausblick zu erhalten. Durch sein Studium hofft er, mehr über das menschliche Denken und Handeln zu lernen und im besten Fall Menschen damit zu helfen.

Das ist **Tabea Warczok** – eher Nachteule als früher Vogel, zwitschert und flattert viel umher. In ruhigen Momenten schreibt oder malt sie jedoch sehr gerne. Seit 2015 studiert sie Psychologie in Marburg und genießt die Stadt und die zahlreichen und nahegelegenen Möglichkeiten, kurz in die Natur zu fliehen. Inspiriert zur Geschichte wurde sie von Kindern, die ihr in ihrer Zeit als Ferienlagerbetreuerin begegnet sind, und von dem Fenster neben ihrem Bett, durch das sie jeden Morgen den sich stets wandelnden Baum und seine Bewohner beobachten kann.

**Bibliografische Information der Deutschen Nationalbibliothek**
Die Deutsche Nationalbibliothek verzeichnet diese Publikation in der Deutschen Nationalbibliografie; detaillierte bibliografische Daten sind im Internet über http://www.dnb.de abrufbar.



Anregungen und Zuschriften bitte an:
Hogrefe AG
Lektorat Psychologie
Länggass-Strasse 76
3012 Bern
Schweiz
Tel. +41 31 300 45 00
info@hogrefe.ch
www.hogrefe.ch

Lektorat: Dr. Susanne Lauri
Herstellung: Daniel Berger
Druck und buchbinderische Verarbeitung: Finidr s. r. o., Český Těšín
Printed in Czech Republic

1. Auflage 2020

(E-Book-ISBN_PDF 978-3-456-96091-3)
ISBN 978-3-456-86091-6
http://doi.org/10.1024/86091-000

**Weitere Titel der Reihe**

Bartling / Buchner / Bendel / Grote / Kresse / Koy:
Alles anders bei Familie Biber – Eine Geschichte für Kinder, deren Eltern von Arbeitslosigkeit betroffen sind
2019, ISBN 978-3-456-86019-0

Maleki / Beham / Böning / Korfmacher / Stracke / Wangenheim:
Dunkle Farben im Wunderwald – Ein Buch für Kinder, deren Eltern psychisch krank sind
2019, ISBN 978-3-456-86020-6

Meister / Hamacher / Weingarten:
Paul und der rote Luftballon – Ein Buch für Kinder, die mutig werden und neue Freunde finden
2018, ISBN 978-3-456-85909-5

Michel / Buschkamp / Drerup / Schramm:
Die kleine Eule Luna und wie sie lernte, mit ihrer Trennungsangst umzugehen
2018, ISBN 978-3-456-85896-8

Rzany / Heindel / Maelger / Senßfelder:
Linns Licht – Ein Mutmach-Buch für Kinder mit einer Depression
2020, ISBN 978-3-456-86095-4

Schaaf / Andersen / Roth / Salzmann:
In Gedanken ein Fuchs – Ein Buch für sozial ängstliche Kinder, die selber kleine Füchse sind
2018, ISBN 978-3-456-85899-9

Schaaf / Frerich / Hauck / Klein-Reesink / Zahn:
Hörst du die Elefanten brüllen? – Ein Buch für Kinder, deren Eltern sich immer wieder mal streiten
2019, ISBN 978-3-456-86021-3

Schaaf / Eitenmüller / Schultz / Stefcheva:
Karli, der kribbelige Kugelfisch – Eine Geschichte für ausgeprägte Trotzköpfe
2020, ISBN 978-3-456-86106-7

Tusheva / Battisti / Mohme / Roth:
Kein Samstag ohne rote Grütze – Eine Geschichte von unsichtbaren Verletzungen
2020, ISBN 978-3-456-86090-9

Weißflog / Köcher / Ladkani / Ngono / Stöhr:
Zwei Zimmer für Cleo – Wenn Eltern sich trennen und wie es danach weitergeht
2019, ISBN 978-3-456-86022-0

Weißflog / Ortmüller / Wende:
Opas Stern – Ein Trost- und Erklärbuch für Kinder und ihre Eltern
2018, ISBN 978-3-456-85906-4

Zais / Michalak / Rumpf / Schulte:
Zappel-Zirkus Zacharias – Ein Buch für zappelige Zirkuskinder mit ADHS, ihre Zirkusfamilien, Freunde und Zirkusdompteure
2018, ISBN 978-3-456-85918-7

**Themen in Vorbereitung**

Adipositas
Asthma
Atopische Erkrankungen
Epilepsie
Juvenile Diabetes
Juvenile Krebserkrankungen